2e trimestre 2021
ISBN 978-2-37355-580-6

Autour de B.

Bibliographie :

- *Journal d'un réfugié catalan,* Roc d'Almenara, présentation et traduction, Mare Nostrum, document, 2012

- *Si je pars comme un feu,* L'Arbre à paroles, poésie, 2016

- *En Surface,* Eléments de langage, poème déposé sur une peinture, 2017

- *Des Corps transitoires,* Mémoire vivante, poésie, 2017

- *Time Lapse,* Corridor Eléphant, poèmes et photographies en triptyque, 2018

- *Sténopé,* Éditions Unicité, poésie, 2019

Christine Guinard

Autour de B.

Éditions Unicité
3, sente des Vignes
91530 Saint-Chéron

1.

je te vois derrière la vitrine
et tu penses au temps béni
tu grimes ton cil au poumon
et je perçois ta gêne
tu es si belle tu allais partir pour l'autre côté de la terre
tu griffais la peau d'un ours et tu respirais plus haut plus loin
tu respirais le frais des autres et la pomme
du buisson attendri
tu n'avais jamais peur
tu partais dans les rues jusqu'au canal, jusqu'à trouver l'eau
qui trame de part en part le texte de B.
le texte de B. qui se voit dans ses rêves en fatale masquée
se démasque joue de la paupière et du genou fragile
sans fard – on a laissé tomber

et personne non personne ne peut dire
ce qu'il y avait devant, ce qui se cache derrière
rien ne se cache ni ne se perd
tout est visage ciselé des ailes au foie
travesti sous la robe et ton ventre rebondit sur la mer
rebondit sur les sables antiques à la colonne volontaire
travesti – maquillage au printemps

oui j'aurais aimé l'être elle la petite fille au printemps
dans les rues de B. jusqu'à la place
la petite éternelle sans tricher
la petite aux ailes pures et tenaces
tenaces les ailes j'aurais voulu voir ce que cela changerait

tu étais aux ailes d'argent sous le regard de B. et B.
qui s'en fichait dans le désordre du cadastre et B. qui exultait
même à chaque coin de porte
la danse des cigales les larves coccinelles
oui ce sont de petites formes orangées
j'aimerais marcher main dans la main avec elle je voudrais
sentir traverser la nouvelle brise et passer le tram
jusqu'à la Grand-Place de B. – qui n'en pensait rien
sous le soleil déposé à la racine des nuages –

2.

mais c'est déjà l'été et B. n'en peut plus de renaître
et B. qui relance son tangage et s'évertue sous les passages
du vent
la petite fille de l'été alors oui tu repartais en saccade arrière
au rythme des nuanciers rue H. tu n'avais plus chanté plus
dansé et B. sonnait la cadence imparfaite mais suave
ou heurtée
B. que plus rien n'arrêtait et le printemps avait fini hier déjà
et le printemps était resplendissant cette fois
et aussi un poumon tout seul
au milieu de l'hiver
ce printemps en hiver s'époumonait de l'intérieur personne
ne l'entendrait et tu portais son chant

il y a toujours une enfant qui sautille au bord du quartier
de l'A. et du parc T. mais de l'autre côté du canal –
une autre histoire
soudain sans fard à nouveau démasquée de ce visage dit-elle
faux et faux
tandis que vraie c'est son absence de cœur et la froide
vibration de sa bile
mais fardé oh ce visage annoncé qu'on placarde
on dit c'est toi qui y es

j'aurais voulu suivre le fil cassé et marcher sur le trou béant
des éclats
la mémoire emprunte les vagues et circule le long des rails
vers l'ancienne gare où les contes affleuraient où sensuelle
elle a dit je dépose mes talons pour voir

d'un bout de craie fragile je trace un cercle autour de mon
ombre un cercle noli me tangere méchante disent les pies
déjà au cœur du cercle les corbeaux et je m'élève en nuées

je t'ai suivie dans les ruelles pavées je dépose mes talons
mais ce n'est plus la même histoire tu portais le signe
sur la hanche arrière de la dernière météorite
et tu respirais plus loin

tes regards en biais de l'asphalte régénéraient la douceur
des gueules de loup délavées
il n'y avait plus que toi qui comprenais j'étais la petite fille
désemparée : elle veut vivre la pâleur des jours et panse
les laves de coccinelles

3.

mais parfois il fallait se demander où perdre le fil
celui d'après le fil caduc déjà
comme tous l'étaient
déjà serti d'ailleurs et l'arrogance des jeunes pousses

j'allais sur ses pas sous les tonnelles de B. formées
de frondaisons malicieuses
et les glycines déjà passées prégnantes encore
leur retombée drapé or et la vigne vierge

c'était déjà l'été sur B. et dégringolaient les roses, les jasmins,
les rhododendrons, les marguerites, les pivoines,
les clématites
et B. resplendissait depuis trois mois B. résonnait du
raffinement alterné des feuilles puis des fleurs de printemps
je contemplais les fruits déposés désormais
je me laissais porter par l'odeur désirable et vagabonde
mais surtout

– porter le chant de B. qui s'était tue soudain juste
avant le printemps
couvant ses bourgeons sans compter

j'étais l'autre petite fille qui court dans les rosiers
on dévorait la forêt et c'était B. même le poumon contenu
qu'une femme délaisse son centre a cessé de clamer
sa préséance et tiens nous n'allions plus jusqu'au soir le long
du tram et jusqu'aux tables au cœur de B.
nous vivions en marge et déployés comptant sur B.
qui régénérait son ciel et poussait à bout de pore
les oiseaux éberlués

4.

pour eux c'était plus facile de s'évader je les suivais du doigt
et dessinais dans l'air après la vitre une balancelle
je les comptais sans cesse l'enfant et moi on avait décuplé
nos doigts pour compter les oiseaux par milliers
on se pliait à leur rythme endiablé les laisser dire cette fois
ils savent quoi dire sur B. sur les toits sur les fils et tu veux
répéter leur cadence
alors je reprenais le fil chaque fois comme trouver l'accroche
et jamais ne se perd
on croit couler dans l'immensité des eaux
mais le pavé dans B. attrapait toujours la lumière regorgeait
de la chaleur solaire et l'été venait de s'annoncer
comme signalant au bout de la route une forêt

la rêverie qui m'étreint et c'est B. tout entière hésitante
encore qui décide d'intégrer mes membres B. de l'avoir
laissée patienter retenue rassemblée

mais nous étions cette enfant et n'avions voulu
que nous refermer sur le cœur puisqu'il continue de battre
et ne faire aucun mal – d'autres animaux venaient gratter
la porte et la trouvant fermée ils la mordaient, la perçaient,
sans vouloir voir le cœur qui saigne, la porte qui est une peau

plus fine qu'un lys et qui tente de dire non attendez
mais personne n'attend et la peau tranchée à vif les viscères
juste derrière tiens meurs elle te dit
il n'y a plus que ça à faire toi qui n'est plus rien de vrai

sous la peau tout était vrai et plus vrai que toujours
maintenant c'est coupé
l'air chaud son empreinte sur les vapeurs de B. on ne pouvait
se tenir qu'à l'ombre et là les histoires revenaient tu étais
la petite fille de la ville mais pas de B.

la ville venait sur l'autre ville et la rose de ton nom cherchait
à distraire peut-être des rues de la ville, des grandes rues
déambulées quand tu étais si fatiguée tes jambes encore
petites et tu te disais tu te disais sans respirer qu'au bout il y a
la mer au bout des longues rues sans repos et sans joie
tu racontais que tu cherchais la mer au bout de la ville
au creux du bassin infini creusé autour de la S. – et la S.
se traînait oui jusqu'à la mer mais tu changeais de quartier
jusqu'au grand jardin du L. au milieu des rêves de cinéma
et des livres déversés

5.

c’était une possibilité déambuler
vite tu étais cette enfant qui marche si vite dans les rues de P.
comme on arpente B. sous le soleil l’enfant sans savoir
qui brûle la tristesse au soleil la combustion à chaque pas
comme un précipité
l’enfant n’arrive nulle part à la fin elle doit rentrer et c’est
le ciel de P. qui la couve malgré tout comme B. au ciel
de traîne – connaître les ciels de traîne comme une pièce
intime c’est la marche un pas après l’autre qui maintient
la brûlure   et c’est comme vivre encore un peu
la peine n’a pas de nom la fatigue
l’enfant ne mange plus depuis longtemps qui compte chaque
grain et rationne et rejette et dehors suivant les courbes
et les coins des rues jusqu’au cœur de P. qu’elle connaît
mieux que tout
épuise les forces qu’elle ne prend pas – c’est B. qui annonce
l’été la première cette fois et l’été n’avait pas de nom
sur les rues étonnées du réveil – incrédules– et le chant
insistant du merle au bord de la terrasse affirmant l’ouverture
des barrières l’espace revenu c’en est assez de dire encore
ce que l’on ne sait pas – chante le merle à l’enfant qui le sait
depuis longtemps

si elle ne rentrait pas ce serait la terreur elle rentre se pliant
aux contours qui maintiennent la vie après la porte

et c'est B. encore qui a clamé plus petite ce qu'elle seule
perçoit du carrefour des vents toi qui cherches l'ouverture
petit oiseau palpitant encore et c'est aux quatre horizons
les langues comme un continuum s'échangent
imperceptiblement et les places portent le signe du continent
profond ou de la mer houleuse selon – c'est B. qui clame
le caractère poreux du sol des autres et la peau au contact
laisse les langues entrer

6.

l'été sur B. nous emporte il y a toujours une petite fille
qui arpente les ruelles mais au bout c'est la mer et le soleil
cuisant les conduit chaque fois vers la mer à portée de main
on sortait un peu gourd du repli sans savoir et la petite fille
éternelle hésitait entre l'ombre et le soleil
entre l'ombre et le soleil elle promenait sa douceur sa peine
– elle joie infinie à contempler les feuilles, le ciel et l'horizon
on peut tout inventer sous le ciel et les nuages sans cesse
traversant B. d'ouest en est portaient l'espoir et le
mouvement comme la mer vagabonde au bout de la route
droite depuis B. traversant la plaine jusqu'aux peupliers,
toujours la découverte des peupliers reverdis juste avant les
premiers moulins et les dunes suaves pinçaient le cœur

il n'y avait alors qu'enfance éternelle comme les méandres
de P. grandiose berçaient la mélancolie de beauté en musées
même enfant les matinées glacées réchauffées au Musée
du L. majestueux devant les œuvres saisissantes plantées là
devant l'enfance et formant progressivement la possibilité
d'un *paysage intérieur* sans fard et sans vérité cousu de
formes précises et d'échappées sans rebord – la mer
échappée plus lointaine alors on regardait davantage au midi
traverser tout droit le pays jusqu'en son centre puis vers

le pays prochain de l'autre côté de la frontière – le barrage
enchanteur des montagnes des A. juste sur la gauche offrant
comme un chemin de crête en projection
et c'est l'enfance toute – projetée- qui attrape le sens la forme
qui devine avide l'autre langue en contrebas des massifs

7.

et toi ce que tu en avais pensé tu suivais la piste
et l'enchevêtrement des racines te guidait sur leurs pas
vers le canal de B. après la place et après les terrasses
la cour immense arborée de la F. et ses géants de cuivre
et de fonte – qui prenait la température depuis longtemps
déjà le quartier foisonnant de populations passagères
tu pensais à l'horizon mais aussi sur le pavé de la F.
au contact des machineries anciennes dans le quartier de M.
qui avait fait parler le reste du monde tu trouvais l'idée
d'un avenir ou l'intuition de l'entrelacement des roues
de métal du pavé et des feuillages au milieu du fourmillement
humain comme à la lisière du bois chaque jour de repli
marchant trois rues plus loin
comme à P. toujours arpenter les rues intenses mêlées
d'histoires te remplissait et passer devant des toiles traverser
le jardin des T. puis jusqu'aux boulevards et l'école
à cet endroit qui abritait le déploiement de votre jeunesse
au croisement des intérêts renouvelés
et s'engouffrer dans la salle obscure demeurer en apesanteur
devant les images et sous le son envahissant
comme les salles obscures avaient modelé ces années
et ciselé aussi le *paysage sinueux derrière tes yeux*

8.

pourtant l'été sur B. tournait parfois au mirage et la pluie
s'annonçait tropicale comme les images se mêlaient des
passages d'un continent à l'autre des vents, de l'air chaud,
des corps minuscules et de l'abattement
on attendait la pluie ou l'orage on espérait le soleil moins
cuisant mais jusqu'à l'orée du bois la ferveur pédalait une
petite fille et soudain aux aguets des corps de bêtes infiniment
petites et de l'articulation de leurs vies le gris soudain du ciel
se mêlait aux espoirs comme autrefois sur P. le ciel chargé
de terre avait tremblé, bardé et le vent rendu fou acculait
une enfant à sortir dans les rues déambuler hésiter avancer
toujours jusqu'au parc dont on faisait plusieurs fois le tour
en cercle carbonisant les idées piquantes et sans forme
encore le creux d'une peine insinuée dans les veines,
le poumon et le début du cœur – que restait-il du ventre

oui la terre aussi tremblait et plus au sud à mi-montagne
vers M. et le bonheur des étés parcourus dans les herbes
et encore au sud à G. passée la frontière espagnole dans
les hauteurs de la grande maison gorgée de mémoire –
images qu'il faudrait abandonner pour laisser la vie tenir le
fond de cale – tu remontes sur la selle et au bout de la rue
maintenant que B. ressortait son linge intérieur et le séchait

au soleil plombé le bois se présentait sous ton pas
sans y penser
et déposer sur la pelouse circulaire en contrebas les peines
nouvelles écho chaque fois des brûlures anciennes et qui
rendaient la couleur des piqûres et des accrocs insoutenable
à l'oeil nu - là-bas sur le vert du lac te délestait d'une
persistance rétinienne l'eau verte qui toujours renouvelait
la pureté de l'iris toi qui te demandais chaque fois
ce qui reste des optogrammes

9.

écho chaque fois des gerçures anciennes et cette route
circulaire des débuts jusqu'au dernier instant et retour
décourageait en toi les forces élémentaires
une route circulaire proche de la déroute et pourtant qui
tissait le fil au jour d'après et l'un après l'autre les pas déposés
comme cailloux essentiels formaient un chemin de crête
parfois ou de traverse
mais une sente puissante et ouverte sur l'écrin préservé
du bois de B. où sous les nuages menaçants, sous le soleil
délicieux et au cœur des vents puissants tu pouvais traverser,
tu pouvais t'asseoir sur une souche et deviner la grandeur
d'un ensemble en apparence titubant,
la grandeur si fragile au bord de la rupture, de l'entaille
ou de l'ouverture par le fond, mais subtile, délicate, intense,
instinctive et la souche du bois rappelait le vertige de P.
quand l'enfant parcourait sautillante soufflée de joie inventive
guettée par le grain l'étendue alors insondable des méandres
d'une ville inépuisable – le long des berges de la S. et
remontant jusqu'au jardin du L. plus grande passant par l'île
où palpitait le coeur des choses comme auparavant elle avait
remonté les pentes du parc M. tortueux, ombragé, avec son
petit territoire enfantin parcouru par le circuit d'un train,
de tunnels creusés dans la pierre en retombées, l'espoir

de se consacrer à l'observation de l'inclinaison du sol
et du montage pérenne destiné aux petites voitures
et aux déplacements des êtres minuscules
traverser le bois jusqu'à la forêt sous le ciel de B. l'échappée
de chaque jour du repli insensé imposé par le printemps
retenu prisonnier cette année-ci - mais explosif, impertinent,
l'aplomb irréel, détonant des sillons végétaux jusqu'au merle
intarissable, le chant du merle comme l'avénement
d'une engeance nouvelle, d'un règne céleste plus bas plus
près de nous sur les terrasses recouvertes alors de glycines
et d'azalées le repli comme signe d'une limite nouvelle,
d'une autre partition sous le ciel purifié bleu éternel de B.

10.

pourtant même purifié, bleu sidéral comme jamais B.
n'avait connu le ciel, en ces semaines puis ces mois
de retrait repliée sur elle-même il conservait sa teinte
ambiguë juste au-dessous son aspect filandreux qui disait
le passage incessant des vents de mer et des tissus de nuages
moins serrés au printemps cette année
 – conservait sa qualité de miroir du fond de l'âme
par cette mouvance discrète et fiable rappelait à le
contempler chaque après-midi plombée de ce temps inouï
en repli presque absolu reconsidérant l'espace et le passage
des heures, les retours incessants depuis l'origine des nuages
dans le ciel de l'enfant – comme à P. quand de retour
de l'école il fallait rentrer seules certains jours et craindre
la foudre le ciel qui se fend le filet sous la terre prêt
à s'arracher de part en part en dessous de l'immeuble
et personne pour voir les yeux plus intenses l'acuité du regard
la fragilité de l'iris l'attente vaine d'un visage d'une voix
sautiller d'un pied sur l'autre sur le chemin lancer un œil
au ciel encore et faire un pas de plus– observer depuis le tout
premier jour tous les signaux de l'air de la matière les
vibrations infimes et croisant les perceptions à la vitesse
de l'éclair l'enfant devinait sans la penser la fureur
inexplicable devinant -elles pensaient alors– la déception

et ajustant le tir – le port, le pas prévenir reculer le moment
de la foudre et de la tête jusqu'au pied adaptant le ton
le rythme l'expression ne jamais *décevoir*

dans le bois de B. le vent froid battait en alternance les plus
hautes branches et brassant les nuages immenses alternant
les passages lumineux qui brûlaient la peau les yeux
et les heures étaient belles – eux tous réunis célébrant la fin
d'un repli inouï et l'ouverture peut-être aux quatre vents

11.

cette fois pourtant B. prenait le dessus et resplendirait
par tous les temps – elle avait affirmé son règne bleu
de façon inédite et lorsque le gris s'insinuait le mélange
désormais serait éternel entre les deux états
comme un continuum séduisant et confiant, on n'avait plus
jamais peur du plafond terne et des yeux tournés vers
l'intérieur désormais les yeux guetteraient la lueur prochaine
et de l'intérieur vers l'extérieur
c'était le même mouvement d'appétence indécise
le même sentiment de grâce nervurée couvée par l'aspect
des arbres, du ciel nuageux et des maisons superbes
à chaque coin de rue dans le quartier d'I. à l'orée du bois
comme une ombrelle comme un poumon tout neuf et trop
grand mais offrant une possibilité soudaine une inspiration
sans référent et la profondeur de champ – à P. c'était
le fleuve qui s'écoulait traçant sur son passage
les méandres sentimentaux et même énergétiques
au travers de la ville prolongée elle aussi à l'ouest
et à l'est par un bois profond salvateur

-deux organes pour l'âme délicate de P. prête à céder parfois
sous le poids des traditions et des aspirations
et cherchant l'air elle aussi tentant par le nord d'agrandir

insensiblement son accroche nourrissant par là sa capacité
à créer des voies plus fines plus souterraines traversées
par la palpitation élémentaire du cœur

12.

B. elle aussi tentant par le nord d'agrandir insensiblement son
accroche trouvant à l'ouest, à l'est et au sud comme une
cordelette de limitation - un collier d'air au nord
et c'est vers le carrefour ouvert aux vents qu'elle s'ouvrait
tendant ses branchages, hissant vers la lumière en canopée
ses croyances tenues secrètes faute de pouvoir
dans la grande ville faire émerger des voix fluettes
peut-être mais de jouvence, mais prometteuses
et renversantes - vers le nord tentant encore d'ouvrir
les bras qu'elle avait connus généreux et percevant
la chanson séduisante, quoique fragile en apparence, guettée
par les trouées marines et le ciel à mi-hauteur, travaillée par
l'écho des langues voisines comme un territoire propre
agrandi mais d'être mêlé plus instable, plus voyageur, parfois
glissant - recevant en plein visage les effluves salés, venteux,
envahis de mémoire mais délestés aussi, mais séparés enfin
comme toujours *neuves* et rien ne pourrait rivaliser malgré
le poids du ciel et le chaos des routes, avec l'aptitude
singulière à creuser insensiblement le sillon du renouveau -
la fraîcheur de l'eau du nord et l'entrebâillement
des langues, des esprits et des corps traversés même loin
des côtes par l'eau salée.

13.

B. sans ancrage parfois comme toujours renouvelée mais
cherchant sans chercher l'appui sur un sol plus ancien plus
stable et souvent pourtant comme perdue comme abîmée
en elle-même d'avoir trop dansé aux quatre vents
se coulant aux sons aux images aux pensées de pays
frontaliers, aux rythmes et même à la nature des sols,
devenue vers l'ouest plus friable comme disposée
à recevoir les entrées de mer à même la terre, les champs,
le paysage et modifiant chaque fois la qualité des strates
souterraines puis émergées et jusque dans la ville
les terres salées apportaient une autre musique intime –
et plus rien ne pourrait éviter ce contact même lointain avec
la mer parfois déchaînée, audacieuse, invasive,
et l'âme même s'en trouvait imprégnée jusqu'à la couleur
pâlie des yeux – là où l'enfant toujours imaginait s'évader vers
la terre du bord de mer de dunes et de végétations enlacées
comme à P. c'était le dessin de la ville qui offrait le voyage et
qu'elle ne savait plus toujours, quand elle avait parcouru la
longueur mise bout à bout des rues   qui l'*embarquaient*
comment regagner le point de départ sans perdre au fil des
pensées et des pas les quelques forces qui lui restaient et sur
les chemins de M. au cœur du pays c'est sur les sentiers de
mi-montagne qu'elle cherchait à retrouver le fil intérieur au
bord des champs de blé et des chardons bleus en bosquets
un pas après l'autre et le regard toujours vers l'horizon

détournant sans doute le flux intime des pensées d'un ravin
probable venu s'immiscer entre elle et le monde peut-être ou
entre les pores et le cœur et les pins apparaissaient déjà,
puis les sapins sur la route des C. tortueuse et libre, menant
au point d'où se laissait embrasser enfin le merveilleux
panorama

14.

comme toujours j'aurais voulu la suivre elle
la petite fille que rien n'avait découragée pour toujours –
jusqu'au cœur de l'être, malgré la peine et le chaos toujours
demeurait l'enchantement d'un bruissement
de feuille au bas des marronniers sur les boulevards de P.
et les ciels traversés par les couleurs assombries parfois par
les voiles de brume émanée de la grande ville
et toujours retrouvait dans les déambulations à travers les
rues de P. ou sur les chemins de M., vers les criques enfin de
l'autre côté de l'autre frontière ou encore parcourant les
immenses plages de sable fin qui, se succédant les unes aux
autres sans discontinuer, donnaient l'illusion d'un terrain
conquis – retrouvait parfois le sens du devenir et retournait
comme à la colonne d'air appuyée sur le talon puis l'avant
du pied dans l'espoir
– elle avait chanté depuis le bas des poumons et l'air
et le vent et la mer ne lui faisaient plus peur, ou sans
le savoir elle, guettée chaque fois par la fatigue accablante
d'être et qui continuait d'avancer jusqu'au soir où plus rien
n'avait tenu - et c'est dans B. au détour des ruelles qu'une
brèche devenue immensité avait aspiré par le fond du
poumon comme déjà percé l'air et avait effondré l'âme et le
corps dans un mouvement indistinct

dans B. qui l'avait conduite toujours plus loin et elle
sans le savoir qui empruntait au tournant la ruelle suivante
et les soirs succédant aux soirs poussés au bout
et réduisant la nuit à son essence la plus minimale
on se laissait aspirer par la pression arrière soudain et elle
négligemment qui avait dit : je dépose mes talons pour voir ce sera plus facile pour marcher
et les talons abandonnés sur le sol pavé tout avait revêtu une teinte nouvelle et nouvelle la fatigue pourtant originelle et vain désormais l'effort inouï pour poser le pied devant l'autre après le pas suivant viendrait encore un autre et derrière ou dessous il n'y avait pas de sol il n'y avait pas de pavé et non plus de passé le temps derrière soi enfui déjà avait été sectionné net et plus rien ne pourrait permettre à l'œil de s'y déposer pour observer le chatoiement des nuances irisées et l'irruption morcelée des éclats de mémoire

15.

de ce temps oui enfui déjà mais apparu soudain comme
glacé, comme formant une unité impénétrable,
comme s'il n'avait pas été perçu
que pourrait-elle faire de cette épaisseur
sans celle à la place qui aurait dû se constituer
comme socle progressif
je la cherche comme elle et cette enfance qui rappelle
qui tonitrue et tente par les membres endoloris
de se frayer un chemin de crête
tu n'entends pas le chant toi qui n'as plus prêté l'oreille
on disait qu'elle est belle et vive elle comprend tout –
et voilà que – je disais je dépose mes talons ce soir et tout se
métamorphose – de la fille sans talons tu devenais l'autre, la
gazelle filante de l'enfance à travers tous les chemins comme
dans P. pour l'école il fallait traverser deux fois et si petite
déjà froncer le sourcil sur le croisement des rues gambader
comme on peut sans s'arrêter et emporter la grâce du parc
M. plus au sud de la ville composé de buttes et de floraisons
insensées et plus loin encore dans le bois de B. à la lisière
comme elles jouaient à T. et G. deux enfants erratiques
à travers les paysages enneigés de taïga pointant tels des
sabres les bouts de branchages affûtés
ce qu'à B. soudain évadée déplacée elle avait trouvé
dans l'avènement instantané de la voix

qui affleure et se fraie à travers viscères et foie puis poumons,
diaphragme et la gorge un ruisseau d'air pur
et drainant l'arrière de l'enfance et les mimes et les contes
et ce que le cœur a tenu ce que la peau a tu et la gorge nouée
qui tentait d'empêcher le ruisseau de creuser son lit opérant
au passage un obstacle comme un nœud essentiel
et dans B. renouvelée déjà le printemps avait sonné plus net
plus enjoué et les notes ne passaient plus par la gorge
le temps d'une saison repliée
c'est alors les images qui affluaient
-la voix instantanément avait surgi dans B. au début comme
évadée qui tisse le grain du texte et se déployant après chaque
nuit avait peut-être espéré imposer son propre timbre déniant
le rempart du corps l'enfant accourait et plus belle encore ses
yeux ne laissaient passer aucune espèce de vie sans l'aimer
comme alors dans les sentiers pentus du parc T. l'écrin
précieux d'essences inespérées on passait contempler
les azalées, les camélias, les cerisiers japonais et l'enfant près
de la mare masquait comme elle pouvait la sensibilité
exacerbée par la beauté du lieu

16.

exacerbée par la beauté, oui par la rencontre délicate
des sens sous le ciel parsemé à peine de quelques formes
cotonneuses blanchies délavées emportant le territoire
propre à l'être de chair – les contours dessinés par avance
autour d'elle-même si cela se pouvait transpercés de part
en part par l'effluve enchanté
précipitant l'ouïe et le toucher lorsqu'elle tentait de sentir
du bout d'un doigt le pétale velours soie et fil négligent
de la fleur de magnolia
devenue aussi soie fragile enfin rendue à elle-même sans
le devoir d'être aux autres et de tracer encore et encore
le contour de soi pour satisfaire aux règles de séparation
et d'inclusion comme en miroir
enfin délestée devenue vaporeuse mais consistante
et solidement évadée aux brises d'été mêlées de feuillage
et d'essence fruitée jusqu'au reflet dans la mare verdie
des trous de bleu, de blanc et de vert confondus comme elle
devenue petite infiniment et élancée et souplement étendue
de sous la terre jusqu'au ciel sans nom sans voix même
la voix retournée au cœur et couvée pour le prochain passage
des vents

elle s'articulerait alors d'elle-même en fumée et embaumerait de sons grenade et jasmin la frondaison déployée comme une enveloppe animée sur le parc T.

17.

ce qu'elle espérait encore de la terre le parfum nouveau
chaque fois comme jadis elle se penchait ardemment
sur la petite mare aux nymphéas du Château B. familial
sur les territoires champêtres en contrebas des montagnes,
déjà un paysage de collines – où la grenouille disait-on
prédirait les orages mais aussi la joie et la chance
et c'est en humant l'émanation humide de feuillages
et de fleurs confondus emmêlés de moucherons d'eau
et de têtards qu'elle concentrait son attention sur l'espoir
du lendemain solaire
– c'est le soleil brut qui la délogeait de son poste
chaque fois finalement elle se remémorait cette loi établie
instinctivement : il ne fallait pas donner forme et couleur
à son désir en pensée afin de lui laisser une chance fragile
d'advenir ce que l'on espérait pleinement et dont on
connaissait trop le dessin se trouvait irrémédiablement perdu
dans les méandres d'un rêve sans secours sans matérialité
et c'est un flou dans l'accommodation du regard qui offrait
à l'espoir une chance de perdurer sans réponse peut-être
mais en tout cas sans être nié

18.

et dans B. en ce début d'été qui avait succédé au printemps
le plus inouï d'explosion florale de senteurs et couleurs
invraisemblables surgies au milieu de la ville sans crier gare
semaine après semaine l'enchantement succédant
à la surprise quoique B. repliée sur elle et retirée de tout cette
année-là – endolorie et rassemblée sur les forces élémentaires
qui la feraient tenir le dos rond jusqu'à la saison prochaine
dans B. ainsi tirée de son mutisme forcé par les monologues
insensés d'oiseaux collés presque aux fenêtres et l'espoir
porté par les herbes, les plantes, les arbres
l'espoir d'un chant nouveau
l'espoir de l'ère prochaine celle qui serait peut-être plus
douce aux vivants l'enfant de jadis se remémorait parfois
ce qu'elle avait tenu enfoui séparé du battement du cœur
et des intuitions par bribes venues le long des effluves
des images s'abattaient parfois et dans B. muette
et rassemblée la mise en veille d'énergie laissait une brèche
s'ouvrir et envahir les sensations fugaces, enfouies à nouveau
l'enfant qui arpentait les rues de l'immense ville de P. comme
si c'était son univers propre elle en connaissait chaque nom
et chaque recoin la ville en son cœur et le poumon en son
sein tout se mêlait

le déploiement des rues des idées des sensations imprimées
à l'extrême et les jours passant les années
bien plus tard le royaume extérieur devenu intérieur
et peut-être aussi menacé
comme un univers clos sur sa propre respiration
c'est l'oxygène émané des mers plus au nord du brassage
des vents et des langues qu'elle était allée chercher là-haut
suivant alors sans le savoir la *possibilité d'une voix*

19.

déplaçant les voies et les modes d'être espérant
trouver peut-être l'espace nécessaire réinventé propre
à la circulation de l'air en colonne
le long du ventre et du poumon jusqu'à la bouche
suivant pas à pas les sentiers de traverse menant
à la *possibilité d'un chant*
nouveau pour elle mais toujours déjà en elle et couvant
comme un feu irradiant les veines depuis le sol
la possible modulation de son chant déposé sur l'air
en équilibre précaire mais devenu plus porté
peu à peu plus *dirigé* déterminant le passage étroit de la vie
mais des images et des odeurs et des sons tus jusqu'ici
en rafale nocturne impossibles bientôt à retenir et propres
à faire basculer le monde tout entier autour comme en elle

20.

soudain elle avait pu espérer elle aussi transformer
les courants et leur donner forme au travers du printemps
et B. qui n'en finirait plus de *donner le la* - B. affranchie
de la régularité de métronome quoique chaotique parfois
gouvernant le rythme coutumier des échanges et des espaces
B. délivrée du tourbillon vain et de la charge sonore
contenue dans l'air évaporé de la ville
B. retenue dignement comme sur sa réserve chargée
de couver jusqu'en des jours meilleurs ses habitants mais
contemplant jour après jour la forme nouvelle revêtue par
ses composantes végétales comme décuplées et par les sons
affirmés venus de la nature partout triomphante
B. se demandant comme elle ce qu'il faudrait faire
- ce qui adviendrait si toutefois quelque chose en elle trouvait
la force démesurée de *perdurer* sans abandonner
là effondré tout espoir de vie à venir
déjà frappée par la certitude que rien de clair ne se ferait jour
- qu'attendre de *voir* serait la condition de survie
d'un univers entier - comme elle percevait la voix en elle
qui n'annonçait rien de net ni même les images qui lui
revenaient déjà échappées mais qui laissaient entendre
le tintement effarant des formes nouvelles discrètement,
inlassables insatiablement venues tenter de pousser la porte
ouvrant sur un *autre territoire*

Ce livre a été imprimé
en France par **ICN**

Zone Industrielle des Saligues
98, rue Louis Rabier
64300 Orthez

05 59 69 77 80
icn@imprimerie-icn.fr